Friesenbäume ...

W0382454

... und liebevoll geschmückte Fensterkreuze liegen voll im Trend! Die Querstreben werden mit bunten Anhängern geschmückt, große Schleifen und Kordeln verzieren die Mittelachse des Fensterkreuzes. Und wenn man Lust auf was Neues hat, wird die Dekoration abgenommen und das Holzgestell mit neuen Bändern und Figuren verziert.

Zur Weihnachtszeit sollten Sie Ihren Fensterbaum besonders festlich dekorieren. Gerade in der kalten Jahreszeit wird eine Vielzahl an Materialien angeboten, die sich bestens dazu eignet, Ihrem Friesenbaum ein prachtvolles Aussehen zu geben. Glitzernde Anhänger aus Prägefolie oder Metallic-Wellpappe, nach Anis, Vanille und Nelken duftende Minigestecke oder einfache Strohsterne verbreiten weihnachtliches Flair und bringen die richtige Stimmung in Ihr Heim.

Wenn Sie nur wenig Zeit haben, schmücken Sie den Baum einfach mit Fertigteilen, die im Handel in großer Zahl angeboten werden. Auch dazu finden Sie in diesem Buch einige Beispiele. Eine originelle Variante der hängenden Friesenbäume sind stehende Holzgestelle, deren Querstreben mit Kerzenhaltern bestückt sind. Vielleicht möchten Sie dieses Jahr statt des traditionellen Adventskranzes einmal einen solchen Adventsständer aufstellen?

Eine schöne und besinnliche Weihnachtszeit und viel Freude mit Ihrem weihnachtlich geschmückten Friesenbaum wünschen Ihnen

Maria-Regina & Michael Altmeyer

Material und Arbeitshinweise

Materialhinweise

Ein kahles Fensterkreuz lässt sich mit den verschiedensten Materialien in einen dekorativen Weihnachtsschmuck verwandeln. Sie können es mit Anhängern aus Tonkarton oder Wellpappe, geprägten Motiven aus Alublech oder Strohsternen behängen. Und wenn es ganz schnell gehen soll, greifen Sie auf die Palette von Fertigteilen zurück, die der Handel bereithält. Natürlich dürfen Dekobänder mit weihnachtlichen Motiven und glitzernde Kordeln nicht fehlen, sie unterstreichen die weihnachtliche Erscheinung und runden sie ab. Die genauen Materialangaben sind den einzelnen Dekobäumen in einer Liste vorangestellt.

Benötigtes Werkzeug

- *Schneidewerkzeuge: mittelgroße, spitze Schere (Papierschere); Nagelschere; Cutter; Lochzange; kleine Nadel*
- *Schneideunterlage aus Hartgummi (evtl. dicker, fester Karton) zum Schutz der Arbeitsfläche vor Beschädigungen*
- *Klebstoff: Alleskleber; UHU-Kraft; Heißkleber aus der Klebepistole*
- *Bleistift (Stärke HB)*
- *(Metall-)Lineal; Geo-Dreieck*
- *Farben: Filzstifte, Bastelfarben, Klarlack, Holzbeize auf Wasserbasis*
- *Pinsel in verschiedenen Stärken*
- *Prägestift für Metallfolie*
- *Unterlage zum Schutz des Arbeitsplatzes vor Klebstoffresten*
- *Transparent- oder Architektenpapier bzw. normales Butterbrotpapier zum Durchzeichnen der Motive*

Zusätzliches Werkzeug für die Holzarbeiten

- *Laub- oder Dekupiersäge*
- *Schleifpapier, Rund- oder Flachfeile*
- *Bohrmaschine, Handbohrer*
- *Holzleim*

Motive vom Vorlagenbogen übertragen

Die Zeichnungen für die Holzarbeiten können Sie vom Vorlagenbogen direkt mit Hilfe von Kohlepapier auf die Sperrholz- oder Tischlerplatte durchpausen. Bei den übrigen Motiven wird zuerst eine Schablone erstellt.

Legen Sie dazu das Transparent- oder Architektenpapier auf die gewünschte Zeichnung des Vorlagenbogens und zeichnen Sie die einzelnen Teile mit einem spitzen, nicht zu harten Beistift nach. Dann wird das Transparentpapier mit dem abgepausten Motiv auf ein Stück festen Karton (Tonkarton) gelegt bzw. geklebt und an den Bleistiftlinien exakt ausgeschnitten. Diese Kartonteile dienen als Schablonen.

Die Schablone legen Sie so auf das entsprechende Werkmaterial, dass sie nicht verrutscht, und umfahren die Umrisskanten sorgfältig mit einem Bleistift. Auf dunklem Untergrund hebt sich der Bleistiftstrich nicht genügend ab; hier sollten Sie für das Umfahren einen weißen Farb- oder Kreidestrich benutzen. Bei den Teilen aus Wellpappe wird der Schablonenumriss auf die Rückseite, d. h. die glatte Seite, aufgezeichnet.

Anschließend können die Motive ausgeschnitten bzw. die Holzteile ausgesägt werden. Gerade Linien sowie Ecken und Kanten werden mit dem Cutter geschnitten. Das Cuttermesser wird dabei wie ein Bleistift in der Hand gehalten. Richten Sie ein Metall-Lineal an der zu schneidenden Linie aus und ziehen Sie den Cutter mit leichtem Druck daran entlang. Vergessen Sie nicht, beim Arbeiten mit dem Cutter unbedingt eine Schneideunterlage aus Hartgummi oder dickem Karton unterzulegen! Rundungen und Aussparungen werden mit einer spitzen Schere, sehr kleine Wölbungen oder Details mit einer Nagelschere bearbeitet.

Achten Sie darauf, dass Ihre Schneidewerkzeuge stets scharfe Schneiden aufweisen. Besonders Wellpappe franst sehr leicht aus, wenn die Schneiden nicht mehr scharf genug sind.

Das Anfertigen der Fensterkreuze

Die Friesenbäume in diesem Buch bestehen entweder aus einem Fensterkreuz mit drei Querstreben oder aus einem Kreuz mit zweiteiliger Querverstrebung. Im Fachhandel können Sie bereits fertig montierte Fensterkreuze erwerben. Auch Bastelpackungen mit passend zugeschnittenen Rundhölzern und Holzkugeln zum Aufstecken werden angeboten. Die Teile müssen nur noch zusammengesteckt und können sofort mit Bändern und Anhängern dekoriert werden. Diese Sets sind in mehreren Farben (rot, blau, gelb und grün) erhältlich.

Selbstverständlich können Sie die Fensterkreuze auch komplett selbst anfertigen.

Dazu wird folgendes Material benötigt:

- *Vierkantleiste, 12 mm x 12 mm (für Fensterkreuz mit 3 Streben 47 cm lang; für Fensterkreuz mit 2 Streben 30 cm lang)*
- *Rundholz, 6 mm ø (3 Streben: 34 cm, 26 cm und 18 cm; 2 Streben: 26 cm und 18 cm)*
- *Holzperlen mit einseitiger Bohrung (Loch: 6 mm ø)*
- *Ringschraube*

Je nachdem, wie groß Ihr Fensterkreuz werden soll, versehen Sie die Vierkantleiste mit drei oder zwei übereinander liegenden Bohrlöchern von jeweils 6 mm ø, durch die die Rundhölzer gesteckt werden (siehe Angaben bei den Skizzen). In die obere Bohrung den kurzen (18 cm), darunter den mittleren (26 cm), beim großen Fensterkreuz zusätzlich unten den langen Stab (34 cm) durchstecken. Die Rundstäbe mittig ausrichten. Damit die Rundhölzer später nicht verrutschen, geben Sie etwas Holzleim in die Bohrlöcher. Auf die Enden der Querstäbe jeweils eine Holzperle aufleimen. Damit der Friesenbaum auch aufgehängt werden kann, wird zuletzt eine Ringschraube von oben in die Vierkantleiste gedreht und das Aufhängeband (Satinband, Kordel, Schleifenband) durchgezogen. Das Aufhängeband können Sie dabei beliebig lang wählen. Wenn Sie einen farbigen Friesenbaum gestalten möchten, können Sie das Holzgestell mit Bastelfarbe anmalen oder mit Holzbeize einfärben. Nach dem Trocknen der Farben wird noch ein Klarlack aufgetragen.

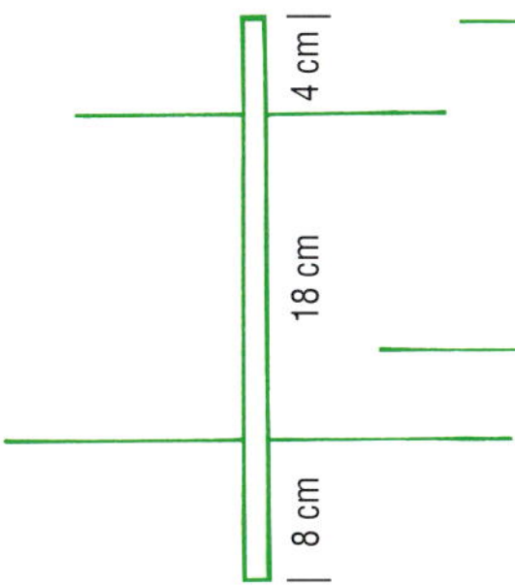

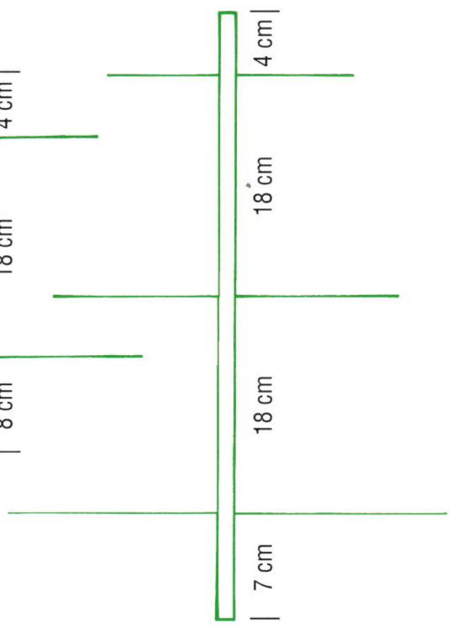

Winterbaum

(Abbildung Seite 7)

Material:

- *Fensterkreuz, 2 Streben, grün*
- *Tonkarton, weiß*
- *Tonkarton geprägt, grün, rot und orange*
- *Alu-Karton, gold*
- *Bastelfarbe, gold*
- *2 Plastikformen Tannenbaum, teilbar, 10 cm*
- *Flower-Hair, gold*
- *Brokatborte, altgold, 6 mm breit, 80 cm*
- *Gold-Vichy, 1 cm breit, rot, 1,30 m; grün, 80 cm*
- *Satinband, weiß, 3 mm breit, 3,50 m*
- *4 Holzstreusterne, gold*
- *dünner Golddraht*

Die Mittelstrebe des Fensterkreuzes wird locker mit Flower-Hair umwickelt, die Enden werden mit Golddraht gesichert. Anschließend binden Sie aus dem grünen und dem roten Gold-Vichy (je 40 cm) zwei Schleifen. Die Karoschleifen mit Heißkleber in Höhe der Querstreben befestigen, darauf jeweils eine weitere Schleife aus weißem Satinband (je 75 cm) setzen. Dann zwei Satinbänder anknoten, deren Bandenden lassen Sie lang herunterhängen. Zuletzt verzieren Sie die Schleifen mit den goldenen Holzstreusternen.

Schneemänner: Den Körper einmal, den Arm doppelt aus weißem Tonkarton zuschneiden. Alle übrigen Motivteile werden je doppelt aus geprägtem bzw. goldfarbenem Alu-Karton angefertigt.

Zu Beginn malen Sie mit einem feinen Pinsel und goldener Bastelfarbe das Karomuster auf Hut und Weste. Anschließend wird das Gesicht gestaltet: Mit einem schwarzen Filzstift Mund und Augen aufzeichnen, danach beidseitig die große Rübennase fixieren. Das Nasenmuster mit dem Filzstift hervorheben. Nun kleben Sie die Weste und den Hut auf; den Hut verzieren Sie mit dem Hutband, die Weste mit den goldenen Knöpfen (Lochzange). Die Knopflöcher werden mit kurzen Filzstiftstrichen angedeutet. Am Hals die große Fliege platzieren. Dann wird auf Vorder- und Rückseite die Tanne aufgeklebt, danach der Arm fixiert. Zuletzt stechen Sie mit einer Nadel ein Loch in den Hutrand und ziehen als Aufhängeband Golddraht hindurch.

Tannen: Jede der beiden Tannen besteht aus einer teilbaren Plastikform, die locker mit goldfarbenem Flower-Hair gefüllt wird. Die Kanten der Bäume werden mit goldener Brokatborte (je ca. 40 cm) eingefasst; beginnen Sie dabei an der Baumspitze und kleben Sie die Borte einmal um die Grundform. Dann wird zunächst der Golddraht durch die Aufhängeöse des Bäumchens gezogen. Danach binden Sie je eine Schleife aus weißem Satinband an die Baumspitzen und kleben zuletzt die goldenen Streusterne auf die Schleifen.

Jetzt können die Schneemänner und die gefüllten Tannenbäume an die Querstreben gehängt werden. Als Aufhängeband für den Winterbaum verwenden Sie den Rest vom roten Gold-Vichy-Band.

Sternenglanz

(Abbildung Seite 9)

Material:
- *Fensterkreuz, 3 Streben, blau*
- *Alu-Karton, blau und silber*
- *Naturbast, silber*
- *Sternchengirlande, silber, 1 m*
- *dünne Silberkordel, ca. 3,70 m*
- *Dekoband „Fashion“, silber, 4 cm breit, 1,50 m*
- *dünner Draht*
- *Nylonband*

Zu Beginn wird die Mittelachse des Fensterkreuzes dicht mit silberfarbenem Bast umwickelt, Anfang und Ende des Baststranges werden mit dünnem Draht gesichert. Die Querstreben verzieren Sie mit der Sternchengirlande, die locker um die Stäbe herumgeführt wird. Anschließend teilen Sie das Dekoband in drei Bänder von je 50 cm Länge, binden daraus drei Doppelschleifen und befestigen diese an den Kreuzungspunkten. Zusätzlich setzen Sie darauf noch weitere Schleifen, die jeweils aus 90 cm Kordelband gebunden werden.
Nun schneiden Sie aus dem blauen und silberfarbenen Alu-Karton mehrere Sterne sowie einige Schneekristalle aus. Die Innenflächen werden vorsichtig mit einem Cutter herausgetrennt. Dann stechen Sie mit einer Nadel in die Sternenzacken kleine Löcher, ziehen Nylonband hindurch und verteilen die Motive beliebig am Fensterkreuz.
Zuletzt wird der um die Mittelachse gewickelte Baststrang mit einigen blauen, die Schleifen werden mit silberfarbenen Sternen geschmückt. Die Sterne werden ebenfalls aus Alu-Karton ausgeschnitten und mit Heißkleber fixiert.
Das restliche Kordelband ziehen Sie durch die Ringschraube und hängen das Fensterkreuz daran auf.

Weihnachtliche Sternenpracht

(Abbildung Seite 10)

Material:
- *Fensterkreuz, 3 Streben, rot*
- *6 filigrane Sterne aus Holz (je 2 x innen mit Glocke, Tannenbaum und Schweifstern)*
- *Bastelfarbe, gold und grün*
- *Erikamoos-Girlande, 1 m*
- *Brokatborte, gold, 5 mm breit, 1,50 m*
- *6 Brokatblätter, gold*
- *Poinsettiablüten*
- *Zimtstangen*
- *dünner Golddraht*
- *Karoband, rot-grün, 4 cm breit, 1,80 m*

Befestigen Sie am Fensterkreuz unterhalb der großen Holzkugel die Erikamoos-Girlande und die goldfarbene Brokatborte (je 1 m) und wickeln Sie dann die beiden Stränge parallel zueinander um die Mittelachse nach unten. Die Enden mit etwas Klebstoff vor dem Abrutschen sichern.
Anschließend wird das Karoband in drei Bänder à 60 cm geteilt und zu Schleifen gebunden. Die Schleifen in Höhe der Querstreben andrahten. Aus den Zimtstangen, den Poinsettiablüten und den Brokatblättern drei Minigestecke binden und auf die Schleifen setzen.
Zuletzt werden die Holzsterne mit Bastelfarbe bemalt, dabei werden Rahmen und Innenteil farblich unterschiedlich gestaltet. Wenn die Farbe getrocknet ist, ziehen Sie durch die Aufhängelöcher dünnen Golddraht und verteilen die Sternanhänger an den Querstreben. Mit der restlichen Brokatborte wird das Fensterkreuz aufgehängt.

Weihnachtliche Sternenpracht

(Anleitung Seite 8)

Hampelmännchens Weihnachtsparade

(Anleitung Seite 12)

Hampelmännchens Weihnachtsparade

(Abbildung Seite 11)

Material:

- *stehendes Fensterkreuz mit Kerzenhaltern, 2 Streben, rot*
- *Tonkarton, hautfarben (chamois) und grün*
- *Tonkarton geprägt, blau, rot und grün*
- *rotes Baumwollband*
- *Holzperlen, 1 cm ø, rot und blau*
- *Kieferngirlande, ca. 70 cm*
- *Karoband mit Goldaufdruck, grün-rot, 2,5 cm breit, 1,20 m*
- *4 Kerzen, grün*

Hampelmännchen: Der Kopf samt Armen wird einmal, die Beine werden doppelt aus Tonkarton ausgeschnitten. Die anderen Motivteile benötigen Sie jeweils doppelt aus geprägtem Tonkarton.
Das rote Aufhängeband ca. 15 cm lang zuschneiden, doppelt nehmen und zwischen die Mützenhälften legen, wenn diese beidseitig am Kopf fixiert werden. Anschließend die Nase aufkleben und Mund und Augen mit einem schwarzen Filzstift aufmalen. Nun fädeln Sie eine blaue Holzperle auf einen ca. 10 cm langen Baumwollfaden, legen das Band doppelt und sichern die Perle mit einem eingeknüpften Knoten.
Dann wird die Jacke befestigt, die Beine und die Perle bzw. das rote Band werden gleichzeitig zwischen die Jackenteile geschoben und eingeklebt. Zuletzt die blaue Jackenhälfte platzieren und die schwarzen Knöpfe aufmalen.

Herzen: Die unterschiedlich großen Herzen werden jeweils doppelt aus geprägtem Karton angefertigt und aufeinander geklebt, das rote Aufhängeband (ca. 25 cm) wird gleichzeitig dazwischen gelegt. Befestigen Sie an den Bandenden jeweils ein blaues und ein grünes Herz.

Die Hampelmännchen werden an die unteren Querstreben gehängt, die Herzen verzieren die oberen Leisten.
Um die Mittelachse des Kerzenständers winden Sie die Kieferngirlande. Zuletzt wird die Mittelstrebe in Höhe der Querstreben noch mit zwei großen Schleifen aus grünrotem Karoband geschmückt. Jetzt können die Kerzen in die Kerzenhalter eingesteckt werden.

Für Freunde süßer Pfefferkuchen

(Abbildung Seite 14)

Material:

- *Fensterkreuz, 2 Streben, rot*
- *Alublech (Prägefolie), 0,15 mm, gold*
- *Tonkarton geprägt, dunkelbraun*
- *Bastelfarbe, hellbraun und weiß*
- *Metallring, 12 cm ø*
- *Buchs-Girlande, 4,50 m*
- *Gold-Vichy, rot, 1 cm breit, 3,70 m*
- *dünne Goldkordel*
- *dünner Golddraht*

Zu Beginn bereiten Sie den Kranz für die Mittelstrebe vor. Ca. 3 m Buchs-Girlande wird doppelt gelegt, so dass Sie einen Strang von 1,50 m erhalten. Diesen Strang eng und fest um den Metallring wickeln. Mit der restlichen Buchs-Girlande fassen Sie die Querstreben und die Mittelachse des Fensterkreuzes ein, hier sollten Sie allerdings die Girlande nicht zu eng herumführen, das Holz soll sichtbar bleiben.

Schneiden Sie nun von dem Gold-Vichy zwei Bänder von je 30 cm ab und fixieren Sie die Bandenden mit einem Tropfen Heißkleber jeweils an den gegenüberliegenden Punkten am Buchskranz. Die Klebestellen werden mit Schleifen aus Gold-Vichy abgedeckt. Dann können Sie den Kranz ins Fensterkreuz einhängen und waagerecht ausrichten. Die Aufhängebänder werden am oberen Kreuzungspunkt mit Golddraht vor dem Verrutschen gesichert. Nun schmücken Sie das untere Baumende mit einer großen Schleife (60 cm) aus Gold-Vichy. Auf die Enden der Querstreben setzen Sie jeweils eine kleinere Schleife (je 25 cm).

Pfefferkuchen aus Tonkarton: Die Grundform der verschiedenen Lebkuchen wird jeweils doppelt aus geprägtem Tonkarton ausgeschnitten. Auf die geprägte Seite wird mit weißer und hellbrauner Bastelfarbe das Lebkuchenmuster gemalt. Die kleinen Pünktchen drucken Sie mit Hilfe eines Stecknadelkopfes auf. Zuletzt werden die Pfefferkuchen zusammengeklebt, dabei legen Sie gleichzeitig ein Goldband als Aufhänger zwischen die Motivteile.

Pfefferkuchen aus Prägefolie: Die goldenen Pfefferkuchen, die wie kleine Kuchenförmchen wirken, sind Prägefiguren aus Alublech. Die Prägefolie mit der Vorderseite auf eine weiche Unterlage (z. B. Moosgummiplatte) legen und die Motivkonturen mit einem Prägestift vom Vorlagenbogen auf die Rückseite übertragen (vgl. S. 24 u. 26). Dann werden die Motive an den Umrisskanten ausgeschnitten und nochmals alle Linien mit dem Prägestift nachgefahren. Danach werden die Lebkuchen plastisch ausgearbeitet. Mit einem speziellen Prägestift oder einem selbstgebauten Werkzeug (Anleitung S. 26) bearbeiten Sie mit sanftem bis mittlerem Druck die Vertiefungen. Danach wird das Blech gewendet und der Motivrand glatt gestrichen, indem Sie sich mit leichtem Druck von außen an die Konturlinien heranarbeiten.

Ein Schaukelpferd und einen Lebkuchenmann fixieren Sie an der Mittelstrebe des Fensterkreuzes, die restlichen Motive werden mit Golddraht am Buchskranz angeknotet. Die Pfefferkuchen aus Tonkarton verteilen Sie am unteren Querholz, einen Lebkuchen knoten Sie an die Schleife.

Großer Lebkuchenbaum

(Abbildung Seite 15)

Material:

- *Fensterkreuz, 3 Streben, natur*
- *Moosgummi, Stärke 2 mm, mittelbraun, dunkelbraun, ocker und rot*
- *6 einzelne Kiefernzweige, je ca. 20 cm*
- *3 Deko-Äpfel, 5 cm ø*
- *3 Tonpfeifen*
- *Dekoband im Apfel-Lebkuchen-Dessin, 4 cm breit, 1,80 m*
- *Viskoseband, rot, 1 cm breit, 1,40 m*
- *dünner Golddraht*

Lebkuchen: Lebkuchen, Mandeln und die roten Zierpunkte werden aus Moosgummi ausgeschnitten, bei den Brezeln wird die Innenfläche mit einem Cutter herausgetrennt. Dann fixieren Sie die Mandeln und die Zierpunkte beidseitig auf den entsprechenden Lebkuchen, als Klebstoff können Sie UHU-Kraft oder Heißkleber verwenden. Beim Lebkuchenmann Augen und Mund mit einem wasserfesten schwarzen Filzstift aufmalen. Zuletzt fädeln Sie mit einer Nadel Golddraht als Aufhängeband durch die einzelnen Motive.

Auf Seite 16 geht's weiter ➤

Für Freunde süßer Pfefferkuchen

(Anleitung Seite 12/13)

Großer Lebkuchen-baum

(Anleitung Seite 13)

Binden Sie nun je zwei Kiefernzweige an den Zweigenden mit etwas Golddraht zusammen, die Nadeln zeigen dabei nach außen. Anschließend werden die Zweige an den Querstreben befestigt, den Heißkleber dabei auf die Kreuzungspunkte tupfen und die Kiefernzweige mittig aufdrücken. Aus dem Dekoband drei Schleifen binden und ebenfalls mit Heißkleber fixieren. Zuletzt dekorieren Sie das Fensterkreuz mit den Tonpfeifen und den Äpfeln: Führen Sie dazu rotes Viskoseband (je 30 cm) um die Kiefernzweige und verknoten Sie es vorn auf den Dekoschleifen, dabei gleichzeitig die Tonpfeife einarbeiten und die Äpfel mit Golddraht andrahten. Zum besseren Halt werden die Tonpfeifen zusätzlich mit Heißkleber fixiert.

Nun können Sie die Moosgummianhänger beliebig an den Querstreben verteilen und den Lebkuchenbaum mit dem restlichen Viskoseband aufhängen.

Im Tannenwald leuchten die Kerzen

(Abbildung Seite 17)

Material:

- *stehendes Fensterkreuz mit Kerzenhaltern, 3 Streben, natur*
- *fertige Holzteile: 3 große Tannen, 2 kleine Tannen, Mond, Schneemann und Schweifstern*
- *Streusterne, gold*
- *Kieferngirlande, ca. 2,40 m*
- *Dekoband mit Goldkante, rot, 2,5 cm breit, 1,30 m*
- *goldener Effektdraht*
- *Sternanis, Zimtstangen, Gewürznelken*
- *6 Kerzen, rot*

Zuerst werden die drei Querleisten und dann die Mittelstrebe mit der Kieferngirlande umwickelt. Um die Mittelachse wickeln Sie von oben her zusätzlich eine Kette aus Gewürznelken; in Abständen von 1-2 cm die Nelken am Effektdraht befestigen, dazu den Draht mehrmals um die Nelkenstiele winden. Das untere Ende der Nelkenkette verzieren Sie mit zwei Anissternen, den Effektdraht dabei mehrmals um den Anis führen. Anschließend binden Sie in Höhe der oberen und der mittleren Querstrebe je eine Schleife aus Dekoband an; für die obere Schleife benötigen Sie 50 cm, für die untere 80 cm Schleifenband. In die Schleifenmitten setzen Sie mit etwas Draht je einen Anisstern.
Nun fertigen Sie drei kleine Gewürzgestecke. Zuerst werden 2-3 Zimtstangen mit Effektdraht zusammengebunden, dann wickeln Sie den Draht um den Sternanis und die Nelkenstiele und arbeiten die Gewürze ein. Die Gestecke mit Heißkleber an den mittleren Querleisten bzw. am unteren Kreuzungspunkt befestigen, zusätzlich können die Gestecke noch mit etwas Draht gesichert werden.

Dekorieren Sie jetzt den Kerzenständer mit den Fertigteilen aus Holz. Der Mond und der Schweifstern werden an kurzen Effektdrähten an die oberen Querstreben gehängt, die Tannen und der Schneemann auf seinem Schlitten mit Heißkleber auf dem unteren Querstab befestigt. Kleben Sie die Teile abwechselnd auf der Vorder- und Rückseite des Rundholzes fest, so erhalten Sie einen wirkungsvollen Tiefeneffekt. Die Löcher für den Aufhängefaden in den verschiedenen Motiven werden mit aufgeklebten, goldfarbenen Streusternen abgedeckt. Auch die Wolke, auf der sich der Mond niedergelassen hat, verzieren Sie mit kleinen Goldsternen. Zuletzt können Sie die sechs roten Kerzen in die Halter einstecken.

Weihnachtsduft durchzieht den Raum

(Abbildung Seite 19)

Material:

- *Fensterkreuz, 2 Streben, rot*
- *Buchs-Girlande, 3,10 m*
- *Zackenlitze, gold, 6 mm breit, 2,40 m*
- *Holzperlen, rot, 6 mm ø (ca. 25 Stück)*
- *Gewürznelken*
- *Sternanis*
- *dünner Golddraht*
- *Dekoband „Goldilex", 5 cm breit, ca. 1,10 m*
- *Satinband, rot, 3 mm breit, ca. 4,40 m*

Zu Beginn wickeln Sie die Buchs-Girlande (ca. 1,50 m) um die Mittelstrebe und um die beiden Querleisten des Fensterkreuzes. Die Mittelachse wird zusätzlich mit goldfarbener Zackenlitze (ca. 60 cm) und einer Gewürzgirlande umschlungen. Für die Gewürzgirlande benötigen Sie etwa 1,20 m dünnen Golddraht, in den Sie in kurzen Abständen abwechselnd Nelken und rote Holzperlen eindrehen.
Nun fertigen Sie die vier kleinen Duftkränze an. Teilen Sie die restliche Buchs-Girlande in vier Teile von je 40 cm Länge. Jeder Strang wird doppelt gelegt und zu einem Ring von etwa 6 cm ø gebogen; die Enden werden ineinander verdreht. Dann wickeln Sie um jeden Kranz ca. 30 cm Zackenlitze, die Bandenden fixieren Sie mit einem Tropfen Klebstoff. Anschließend werden zwei Kränze mit einer Gewürzgirlande (jeweils 80 cm Golddraht, vgl. Mittelachse) eingefasst, die beiden anderen Duftkränze mit Sternanis verziert. Dazu ziehen Sie je eine Perle auf etwas Golddraht, wickeln den Draht um die Anisspitzen und befestigen anschließend jeweils zwei Sterne an den Duftkränzchen. Dann werden die roten Satinschleifen angeknotet und die Kränzchen mit Golddraht an den Querstreben eingehängt, vorher fädeln Sie noch eine Holzperle auf jeden Draht.
Zuletzt schmücken Sie das weihnachtlich duftende Fensterkreuz mit den großen Schleifen aus bedrucktem Dekoband. Die Schleifen zusammen mit etwas Zackenlitze in Höhe der Querstreben andrahten. Die restliche Zackenlitze dient als Aufhängeband für das Fensterkreuz.

Glitzersterne

(Abbildung Seite 21)

Material:

- *Fensterkreuz, 3 Streben, grün*
- *3D-Dekowellpappe, gold- und rotmetallic*
- *Christbaumgirlande, gold, 1 m*
- *2 Plastikkugeln, teilbar, 4 cm ø*
- *Flower-Hair, gold*
- *Zackenlitze, gold, 3 mm breit, 40 cm*
- *dünner Golddraht*
- *Dekoband „Karostern", rot, 4 cm breit, 1,75 cm*
- *Goldband, 1 cm breit, 90 cm*

Zu Beginn umwickeln Sie die Mittelstrebe des Fensterkreuzes mit einer goldfarbenen Christbaumgirlande, deren Enden Sie mit etwas Draht sichern oder festkleben. Anschließend setzen Sie auf die beiden oberen Kreuzungspunkte zwei Schleifen, die Sie aus jeweils 50 cm kariertem Dekoband binden. Die untere Strebe wird mit einer Karoschleife (75 cm) geschmückt, deren Bandenden Sie lang herunterhängen lassen. Zusätzlich knoten Sie hier noch 40 cm Goldband an.

Die Bandenden mit je einem Glitzerstern dekorieren; dazu die Sterne doppelt aus roter und goldener Metallic-Wellpappe ausschneiden und die Bandenden zwischen die Hälften kleben. Das restliche Goldband dient zum Aufhängen des Sternenbaums.
Nun aus roter Wellpappe sechs große Sterne zuschneiden, bei vier Sternen die runde Öffnung heraustrennen. Aus goldener Dekowellpappe zwei kleine Sterne schneiden, am Sternenrand mit der Nadel jeweils ein Loch einstechen und dünnen Golddraht durchfädeln. Die Sterne in die Öffnungen einhängen. die beiden anderen roten Glitzersterne werden mit den eingehängten Kugeln ergänzt. Sie bestehen aus einer teilbaren Plastikform, die Sie locker mit goldenem Flower-Hair auffüllen. Um die Kanten wird goldfarbene Zackenlitze (je Kugel ca. 20 cm) geklebt. Dann hängen Sie die Kugeln mit Golddraht in die roten Sterne.
Nun verteilen Sie die einzelnen Sterne paarweise an den Querstreben, die Sterne mit den Öffnungen hängen Sie an die oberen und unteren Längsstreben.

Leuchter mit Strohsternen

(Abbildung Seite 22)

Material:

- *stehendes Fensterkreuz mit Kerzenhaltern, 2 Streben, blau*
- *Strohhalme*
- *Erikamoos-Girlande, 2,10 m*
- *Holzstreusterne, rot*
- *Deko-Perlenkette, rot, 3 mm ø, 2,90 m*
- *Dekoband „Sternenglanz“, rot, 4 cm breit, 1 m*
- *rotes Baumwollband*
- *4 Kerzen, rot*

Die beiden Querstreben und dann die Mittelachse des Kerzenhalters werden spiralförmig mit der Moosgirlande umwickelt. Anschließend winden Sie die rote Perlenkette um die Rundstäbe, die Kette verlegen Sie dabei zwischen den Windungen der Moosgirlande. Damit die Deko-Kette nicht wieder abrutschen kann, werden die letzten Kettenglieder mit Heißkleber am Holz fixiert. Nun aus dem roten Schleifenband zwei große Schleifen binden und mit Heißkleber auf die Kreuzungspunkte setzen. Zusätzlich verzieren Sie die Schleifen noch mit zwei Perlenketten von je 50 cm Länge. Die Querstreben schmücken Sie mit einigen aufgeklebten roten Holzstreusternen.
Zuletzt werden die großen und kleinen Strohsterne angefertigt. Da Stroh ein sprödes Material ist und leicht bricht, werden die Halme vor dem Verarbeiten etwa eine Stunde im Wasserbad eingeweicht. Anschließend werden die Strohhalme glatt gebügelt.
Die Strohhalme müssen für die verschiedenen Sterne zurecht geschnitten werden: die kleinen Sterne bestehen aus sechs Halmen von jeweils ca. 4 cm, die großen Sterne aus acht Halmen von je etwa 8 cm. Sie werden schräg abgeschnitten, damit die Strahlen in scharfen Spitzen auslaufen. Legen Sie zwei Halme überkreuz aufeinander, so dass das Halmpaar rechtwinklig zueinander liegt, dann die weiteren Halme jeweils in Kreuzform darüber legen, bis die Sternform gefüllt ist. Dann werden die einzelnen Halme mit einem roten Baumwollband umflochten, der Faden wird fest angezogen und verknotet. Am fertigen Stern als Aufhängeband einen weiteren roten Faden anknoten. Jetzt können die Strohsterne an die Querstreben des Fensterkreuzes gehängt werden.
Zum Schluss stecken Sie in jeden Kerzenhalter eine rote Kerze.

Glitzersterne

(Anleitung Seite 18)

Leuchter mit Strohsternen

(Anleitung Seite 20)

Nikolausbaum

(Anleitung Seite 24)

Nikolausbaum

(Abbildung Seite 23)

Material:
- *Fensterkreuz, 2 Streben, natur*
- *Fertigteile aus Holz: 2 Tannenbäume, 2 Nikoläuse*
- *Holzbeize auf Wasserbasis, grün und rot*
- *Alu-Bastelfolie, rot und grün*
- *Buchs-Girlande, 1 m*
- *Steckschaumwürfel*
- *Karoband mit Golddraht, grün-rot, 2,5 cm breit, 1,20 m*
- *Satinband, 3 mm breit, grün, 80 cm; rot, 1,30 m*
- *Effektdraht, gold*
- *Goldbouillondraht, 1,5 mm ø*
- *Streuteile aus Holz: Eisenbahnen und Goldsterne*
- *Sternanis*

Zuerst wickeln Sie die Buchs-Girlande von oben nach unten um die Mittelachse des Fensterkreuzes. Dann binden Sie in Höhe der beiden Kreuzungspunkte je eine Schleife aus dem grün-roten Karoband fest.
Die kleinen Geschenkpäckchen entstehen aus einem Steckschaumwürfel, den Sie in mehrere kleine Würfel von 2,5 cm x 2,5 cm Kantenlänge teilen. Die Würfel mit rotem oder grünem Goldpapier einpacken und mit Effektdraht zuschnüren. Umwickeln Sie nun drei Anissterne mit Goldbouillon und dekorieren Sie damit die grünen Päckchen. Auf die roten Geschenkpäckchen werden die goldenen Streusterne geklebt. Dann hängen Sie die bunten Pakete an die Querstäbe. Die Fertigteile aus Holz werden mit der Wasserbeize behandelt: die Nikoläuse rot und die Tannenbäume grün einfärben. Anschließend ziehen Sie durch die Aufhängelöcher rotes Satinband und verteilen die Holzanhänger an den beiden Querstreben. Die Bandenden zu Schleifen binden. Zur Zierde setzen Sie zusätzlich noch Schleifen aus grünem Satinband auf die Enden der Querstäbe. Mit dem restlichen roten Satinband wird der Nikolausbaum aufgehängt.
Zum Schluss verzieren Sie das Fensterkreuz noch mit einigen aufgeklebten Lokomotiven (Streuteile aus Holz).

Ein Traum in Blau und Silber

(Abbildung Seite 25)

Material:
- *Fensterkreuz, 3 Streben, natur*
- *Silberfarbe (Bastelfarbe)*
- *Alublech (Prägefolie), 0,15 mm, blau und silber*
- *Silberdraht, Stärke 0,4 mm*
- *Sternchengirlande, blau, 1,80 m*
- *6 blaue Weihnachtskugeln, 2,5 cm ø*
- *Dekoband „Silberwald“, 4 cm breit, 1,50 m*
- *Zackenlitze, silber, 6 mm breit, 1,80 m*
- *Satinband, blau, 3 mm breit, 3,80 m*

Das Fensterkreuz wird mit silberfarbener Bastelfarbe eingefärbt. Wenn die Farbe getrocknet ist, legen Sie die blaue Sternchengirlande doppelt und wickeln sie von oben nach unten um die Mittelachse. Anschließend werden aus dem Dekoband drei Schleifen gebunden und mit Silberdraht an den Kreuzungspunkten befestigt. Auf die Schleifen setzen Sie mit Satinband (je ca. 50 cm) jeweils zwei kleine Christbaumkugeln; zusätzlich werden noch Schleifen aus silberfarbener Zackenlitze (je 60 cm) und blauem Satinband (je 60 cm) festgeknotet. Die Bandenden lassen Sie lang herunterhängen.
Die Anhänger werden aus silberner bzw. blauer Prägefolie gearbeitet. Legen Sie das

Alublech auf eine weiche Unterlage (z. B. Moosgummiplatte) und übertragen Sie sämtliche Motivlinien und -punkte mit einem Prägestift vom Vorlagenbogen auf die Folienrückseite. Falls Sie keinen Prägestift zur Hand haben, können Sie auch einen anderen spitzen Gegenstand, z. B. eine Stricknadel oder einen Kugelschreiber, zum Durchpausen verwenden. Anschließend werden die Motive an den Umrisskanten mit einer Schere oder einem Cutter ausgeschnitten. Dann werden die einzelnen Konturlinien nochmals mit dem Prägestift durchgedrückt.
Die Figuren werden nun weiter plastisch ausgearbeitet. Dazu benötigen Sie ein Werkzeug mit einem löffel- oder kugelförmigen Ende, das ebenfalls im Handel erhältlich ist. Sie können sich aber auch schnell ein solches Hilfsmittel anfertigen: Nehmen Sie eine Holzkugel (ø 10 mm - 14 mm) mit einseitiger Bohrung und stecken Sie sie auf ein passendes Rundholz. Arbeiten Sie dann bei den Sternen und den Engeln mit sanftem bis mittlerem Druck die Vertiefungen und Verzierungen heraus. Das Blech wird sich dabei etwas verziehen, deshalb wird es anschließend umgedreht und die Ränder werden wieder glatt gestrichen. Arbeiten Sie sich dabei mit leichtem Druck von außen an die Umrisslinien heran.
Denken Sie daran, einen der Engel spiegelverkehrt anzufertigen, da sich die Engel am Fensterkreuz gegenseitig ansehen. Zuletzt stechen Sie mit einer Nadel an den markierten Punkten die Aufhängelöcher in die Prägefolie und fädeln dünnen Silberdraht hindurch. Die kleinen Sterne werden in die ovalen Rahmenöffnungen eingehängt, dann werden die Prägemotive an den Querstreben verteilt.

Frau Holle

(Abbildung Seite 27)

Material:
- *Fensterkreuz, 2 Streben, blau*
- *Tonkarton, hautfarben (chamois), hellblau und weiß*
- *Tonkarton geprägt, grau, rot, weiß und schwarz*
- *3D-Dekowellpappe, goldmetallic*
- *Baumwollstoff (Vichykaro), hellblau-weiß, 25 cm x 25 cm*
- *Zauberwatte*
- *Goldbouillondraht, 1,5 mm ø*
- *Dekoband „Ministernchen", dunkelblau, 2,5 cm breit, 1,20 m*
- *Satinband, 3 mm breit, weiß, 4 m*
- *Creme-Rouge*

Zu Anfang werden das große und die beiden kleinen Kissen angefertigt. Die Grundform jeweils doppelt aus kariertem Baumwollstoff zuschneiden; die Maße betragen beim großen Kissen 12 cm x 12 cm, bei den kleinen je 6 cm x 6 cm. Danach die Teile rechts auf rechts legen und die Kanten zunähen, dabei eine kleine Öffnung zum Wenden lassen. Die Kissen wenden, ausbügeln und fest mit Zauberwatte ausstopfen. Zuletzt die Öffnung mit einigen Stichen per Hand verschließen.

Frau Holle: Die Grundform der Wolke, den Kragen und den Kopf je einmal, die Hände doppelt aus Tonkarton zuschneiden. Die beiden Haarteile sowie die Nase werden einmal, Auge und Pupille jeweils doppelt aus geprägtem Karton ausgeschnitten. Kleben Sie das vordere und das hintere Haarteil auf. Dann wird das Gesicht gestaltet: Die Nase und die Augen samt Pupillen befestigen, vorher in die Pupillen die Reflexpunkte stanzen. Die Mund- und die Trennlinie am Haar werden mit einem schwarzen

Filzstift aufgezeichnet, die roten Wangen mit etwas Creme-Rouge betont. Anschließend den Kragen unter den Halsansatz kleben. Nun wird die Grundform der Wolke beidseitig mit Zauberwatte beklebt und dann mit Goldbouillondraht umwickelt. Jetzt können Sie Frau Holles Kopf und das große Kissen mit den oberen beiden Zipfeln auf der Wolke fixieren. Die Kissenzipfel werden mit den Händen abgedeckt. Zuletzt die goldenen Wellpappesterne platzieren.

Aus der Zauberwatte einige kleine Schneeflöckchen formen. Die Schneeflocken mit Bouillondraht umwickeln und zu einer Kette aufreihen, zwischen den einzelnen Flöckchen zusätzlich noch kleine Goldsterne aus Dekowellpappe anknoten. Die Flockenkette wird um die Mittelachse gewickelt. Dann drahten Sie an den beiden Kreuzungspunkten die kleinen Kissen zusammen mit einem Stern aus 3D-Wellpappe an. Jetzt um den Dutt von Frau Holle etwas Goldbouillon binden und die Figur am unteren kleinen Kissen befestigen.

Nun werden die Querstreben dekoriert. Die beiden kleinen Wolken ausschneiden und ebenfalls mit Zauberwatte bekleben. Danach umwickeln Sie die Wolken mit Bouillondraht, führen den Draht oben heraus und hängen die Wolken an die oberen Querleisten. Sowohl die Wolken als auch die Leisten vorn und hinten mit goldenen Wellpappesternen ergänzen. Die untere Querverstrebung verzieren Sie, wie die Mittelachse, mit je einer Schneeflöckchenkette. Auf die Stabenden setzen Sie mit Heißkleber je eine Schleife aus dem mit Ministernchen bedruckten Dekoband und knoten zusätzlich eine Schleife aus weißem Satinband an. Zuletzt das weiße Aufhängeband anbringen und mit weiteren Sternen aus goldfarbener 3D-Wellpappe verzieren.

Goldige Engelschar

(Abbildung Seite 29)

Material:
- *Fensterkreuz, 2 Streben, blau*
- *Tonkarton, hautfarben (chamois)*
- *Tonkarton geprägt, hellblau, weiß und rot*
- *Alu-Karton, gold*
- *Creme-Rouge*
- *Buchs-Girlande, 1 m*
- *Dekoband „Streifenglanz", gold, 2,5 cm breit, 1 m*
- *Goldkordel*
- *goldener Effektdraht*
- *Sternanis*
- *Streusterne aus Goldmetall*

Zu Beginn wird das Fensterkreuz mit der Buchs-Girlande umwickelt. Dann verzieren Sie die Mittelstrebe mit mehreren Anissternen, die Sie mit Hilfe von Effektdraht befestigen. Zusätzlich werden noch einige goldfarbene Streusterne auf die Girlande geklebt. Anschließend schmücken Sie das Fensterkreuz in Höhe der Querstreben mit je einer Schleife aus goldfarbenem Dekoband.
Nun werden die vier Engel gearbeitet. Schneiden Sie für jeden Engel den Körper und das Flügelpaar je einmal aus Tonkarton bzw. aus Alu-Karton zu. Das Kleid wird doppelt, die beiden Haarteile und die Nase werden je einmal aus geprägtem Karton benötigt. Zuerst gestalten Sie das Engelgesicht. Die rote Nase platzieren und Augen, Mund und Kinngrübchen mit einem schwarzen Filzstift aufzeichnen. Mit etwas Creme-Rouge werden rosige Wangen aufgerieben. Anschließend werden beidseitig Kleid und Haare fixiert. Das Flügelpaar wird an den gestrichelten Linien gefalzt, so dass ein schmaler Klebesteg entsteht und sich die Flügel nach hinten biegen lassen. Auf

den Steg geben Sie etwas Klebstoff und befestigen die Flügel auf dem Engelrücken. Nun stanzen Sie mit der Lochzange in die Köpfe der Engel die Aufhängelöcher ein, ziehen dünne Goldkordel hindurch und verteilen die Engel an den Enden der Querstreben. Zum Schluss dekorieren Sie jedes Rundholz noch mit einem aufgeklebten goldenen Streustern und befestigen das Aufhängeband.

Ein Adventskranz aus Naturholz

(Abbildung Seite 31)

Material:
- *Adventskranzständer, 35 cm hoch*
- *Sperrholzplatte, Stärke 6 mm, 50 cm x 25 cm*
- *4 Kerzenhalter, 35 mm ø*
- *4 Holzschrauben, 16 mm lang*
- *Schaschlikstäbchen*
- *Gold-Vichy, dunkelblau, 1 cm breit, 4,10 m*
- *Satinband, blau, 3 mm breit, 3 m*
- *Viskoseband, blau, 1,5 cm breit, 1,40 m*
- *Effektdraht, gold*
- *Goldbouillondraht, 2,3 mm ø*
- *Zimtstangen, Sternanis, Orangenscheiben*
- *Streusterne aus Holz, blau*
- *4 Adventskranzkerzen, blau*

Schrauben Sie den Ständer zusammen und wickeln Sie blaues Viskoseband (ca. 60 cm) spiralförmig um das Rundholz. Die Bandenden mit Klebstoff sichern. Dann sägen Sie mit der Laub- oder Dekupiersäge den Holzring und vier Schaukelpferde aus. Bei den Schaukelpferden die Augen (ø 3 mm), beim Ring die Löcher (ø 5 mm) für die Aufhängebänder durchbohren. Anschließend sämtliche Holzflächen und -ränder mit Schleifpapier gründlich glätten. Um die Schaukelpferde auf dem Holzring zu befestigen, werden kurze Schaschlikstäbe (Reste) als Dübel benutzt; dazu die Schaukelpferde auf der Kufenunterseite und den Ring an den Markierungen (Kreuze) mit kleinen Löchern für die Dübel versehen. In die Ringlöcher etwas Holzleim geben und die Schaschlikstäbchen einstecken. Wenn der Leim angezogen hat, können Sie die Schaukelpferde aufstecken.

Danach werden mit den Holzschrauben die Kerzenhalter von oben auf dem Motivring befestigt. Schneiden Sie nun aus dem dunkelblauen Gold-Vichy zwei Bänder von je 65 cm ab. Die Bänder über Kreuz, d. h. an den jeweils gegenüberliegenden Aufhängelöchern, am Holzring anknoten. Um jeden Kerzenhalter binden Sie zusätzlich eine Schleife aus 50 cm Gold-Vichy, dabei arbeiten Sie zusätzlich die Schleifen aus blauem Satinband ein. Dann kann der Holzring mit den Vichy-Bändern am Ständer eingehängt werden; achten Sie dabei darauf, dass Sie den Motivring waagerecht auspendeln. Dann werden die Minigestecke angefertigt. Mit Goldbouillon den Sternanis auf den Zimtstangen bzw. den Orangenscheiben befestigen, dabei den Draht mehrmals herumwinden. Die Zimtstangen verzieren Sie zusätzlich mit einigen blauen Streusternen. Danach knoten Sie die Gestecke mit Effektdraht am Holzring fest. Unterhalb der Schaukelpferde wird auf die schmale Ringkante noch jeweils ein großer Streustern gesetzt.

Zum Schluss wird aus dem restlichen Gold-Vichy und dem Viskoseband eine große Schleife gebunden, die Sie in die Schlitze der großen Holzkugel am oberen Ständerende drücken. In die Kerzenhalter je eine blaue Adventskerze einstecken.

Lustiges Engelorchester

Sind Sie auch stolzer Besitzer einer solch kleinen musizierenden Engelschar? Mit dieser Sternenpyramide können Sie Ihr Engelorchester stilvoll präsentieren.

Material:
- *Sperrholzplatte, Stärke 6 mm*
- *Holzbeize auf Wasserbasis, blau*
- *Paketschnur*
- *Holzengel*

Die Sterne mit der Laub- oder Dekupiersäge aus dem Sperrholz aussägen. Die Ränder mit Schleifpapier glätten. Bei den drei größeren Sternen die Bohrungen anbringen. Anschließend die Sterne mit der blauen Holzbeize einfärben.
Aus der Paketschnur 3 Schnüre von je 1,20 m schneiden. Nun die Sterne, die den Standboden des Orchesters bilden, pyramidenartig an der Schnur befestigen. Dazu einen Knoten in eine Schnur knüpfen, die Schnur durch das erste Bohrungsloch fädeln, einen weiteren Knoten binden, den mittelgroßen Stern aufziehen und zuletzt die Prozedur für den kleinsten Stern der Pyramide wiederholen. Der Abstand von Knoten zu Knoten beträgt ca. 17 cm. Auf die gleiche Weise die beiden anderen Schnüre durchfädeln. Die oberen Bandenden zusammenführen und verknoten. In die kleinen Sterne Aufhängelöcher bohren und an den losen Bandenden unterhalb der Pyramide befestigen. Nun die Engel auf die einzelnen Sterne verteilen und zu einem Orchester arrangieren.